AF278617

DE LA

SÉCURITÉ

PHILIPPEVILLE

IMPRIMERIE L. AUMERAN ET B. PARODI

1899

DE LA
SÉCURITÉ

PHILIPPEVILLE

IMPRIMERIE L. AUMERAN ET B. PARODI

1899

A Monsieur KOHLER

Maire de Saint-Charles

Cette Etude sur la Sécurité

HOMMAGE RESPECTUEUX

de son sincère et dévoué Serviteur

SILEX

Saint-Charles, 28 Mai 1899.

DE LA POLICE

Les articles 16 et 17 du code des délits et des peines, du 3 Brumaire An IV spécifient nettement le rôle de la police :

« La Police est instituée pour assurer l'exécution des lois, qui concernent l'ordre public, l'intérêt, le bien être commun, la sûreté des personnes des habitations et toutes les mesures propres à la tranquillité des citoyens ».

La Police Algérienne, telle qu'elle est établie, répond-t-elle à ces prescriptions ?

Nous ne le croyons pas. Car, à ce point de vue, comme à bien d'autres, l'Algérie a toujours été considérée, comme devant être la terre privilégiée des réformes incomplètes et bâtardes.

On avait, en effet créé, il y quelques années, Angeli, l'ex Piétri algérois régnante, jugeant Pandore avec son tricorne enchanteur et enchanté, se voyant à dix lieues à la ronde, incapable de découvrir un bandit indigène et d'assurer la sécurité des campagnes contre les déprédations de toutes sortes, commises par les pirates agricoles, un service spécial de Sûreté.

Ce service, qui est en train de mourir de sa bien triste mort, fut à ce point intelligemment organisé, qu'il ne fit que rendre plus apparente notre faiblesse aux yeux de l'indigène, et accentuer ces rivalités, ces conflits, qui existaient dans la Métropole il y a 200 ans entre les autorités judiciaire et administrative.

Il nous parait donc, en l'état, et malgré l'appréciation d'un de nos amis, colon à demeure, ne portant pas des souliers vernis, qui applaudissait à ces conflits, nous disant d'un air caustique :

« Que deviendrions nous, si Juge de Paix et Administrateur entretenaient d'excellentes relations » qu'il est temps d'organiser un sérieux système de police aussi bien pour les européens que pour les indigènes mal famés.

Et pour atteindre ce but, que faut-il ?

Mettre franchement le fer dans la plaie, rattacher comme à Alger, prochainement, les services de police proprement dits des grandes villes, comme Philippeville, Bône, Constantine, Oran et autres de moyenne importance au Gouvernement général, représenté dans chaque département par le Prefet et les Sous-Préfets, en ce qui concerne les infractions spéciales à l'Indigénat, et par les Procureurs de la République, en ce qui concerne les crimes et délits, afin de les rendre indépendants.

Afin, que les prescriptions du code de l'Indigénat, les lois et règlements de sûreté générale, soient strictement et entièrement appliqués, en dehors de toutes espèces d'influence locale.

Car, si la généralité des Maires de la Colonie, sont de braves gens, conscients de leurs charges et des devoirs qu'ils ont à remplir, il n'en est pas moins vrai, qu'il s'en trouve qui, dans un intérêt exclusif de clan, mettent leur police dans l'alternative de leur obéir au doigt et à l'œil, ou de se voir supprimer ses appointements, et il y a eu le très illustre Sapor, inaugurant une maison hospitalière, après s'être fait tisser par ses pensionnaires une écharpe tricolore d'honneur ; incarcérant au surplus des indigènes, qu'il avait volé de leur bétail, en grand et omnipotent *saigneur*, qu'il était.

Cette réforme fondamentale opérée, les mairies auraient un bureau destiné aux renseignements qui leur sont nécessaires pour le recouvrement des impôts, les demandes de secours, les hospitalisations et autres et comme à Philippeville dernièrement, les agents cesseraient de s'occuper plus spécialement du recensement des caniches.

La sécurité dans son ensemble y gagnerait à coup sûr, et les malandrins de toute race et de tout acabit, les rastaquouères et les chevaliers de la pince, mettraient sans doute un terme à leurs exploits véritablement trop nombreux, car ils se sauraient l'objet d'une surveillance permanente, étroite et rigoureuse.

La police, aurait cessé d'être fille de Pipelet, elle deviendrait moins cancanière, ce qui ne serait point un maigre résultat par ce temps de suspicion et de lâche délation que nous traversons, qui énervent les meilleures volontés et paralysent les initiatives les plus intelligentes, elle serait moins tracassière, parcequ'elle serait elle même, moins tracassée, elle ne serait l'esclave d'aucun çof, et les populations, sachant qu'elle s'occupe beaucoup plus des malfaiteurs que de la vie privée ou politique des honnêtes gens, la respecteraient, qui plus est, l'estimeraient.

Elle serait, à l'exemple de la police coloniale Anglaise, d'allure plus franche, en un mot plus militaire.

DE LA POLICE INDIGÈNE

Il n'y a pas à le dissimuler, la question de la sécurité, est à ce point complexe, que le problème n'en sera résolu, que par la mise à exécution d'un ensemble de mesures administratives ou judiciaires bien coordonnées, ne donnant lieu à aucun conflit entre les différents pouvoirs, et le cas échéant, appliquées strictement, surtout avec rapidité, la lenteur dans la répression, ne pouvant aux yeux de l'indigène, qu'amoindrir l'effet moral de la peine infligée.

Or, pour atteindre ce résultat si désirable, deux réformes profondes et radicales, nous paraissent nécessaires.

La première, serait de refondre notre Code d'Instruction Criminelle trop compliqué, trop savant, d'une lenteur trop sage, notre Code pénal, trop magnanime, surtout en ce qui concerne plus spécialement les crimes et délits contre les propriétés, vols de bétail, de récoltes et autres ; la seconde serait d'établir touchant le personnel de la police indigène, le principe de la responsabilité collective.

Si, paraphrasant le mot de Gambetta, il n'y a pas de

question de sécurité, mais des questions de sécurité, il n'en est pas moins vrai, selon nous, que ces deux réformes accomplies, la situation faite aux colons par les pirates agricoles, serait moins mauvaise, qu'elle ne l'est actuellement.

La démonstration en est facile.

Frapper fort, vite et juste, c'est là ce que l'indigène lui-même demande, car il n'a la perception exacte que de deux sentiments, ceux de la justice et de l'autorité, de la force.

D'autre part, concussionnaires par atavisme, prévaricateurs, parcequ'ils ne voient dans le burnous d'investiture, qu'un moyen de s'enrichir en pressurant leurs administrés, plutôt pauvres que riches, les fonctionnaires indigènes ne deviendront réellement probes dans l'exercice de leur mission, que quand ils se sentiront, en leur qualité de sémites qu'ils sont, touchés au plus vif de leur tempérament thésauriseur, qui est l'intérêt, la pièce de cent sous.

Il nous parait donc, d'après cette considération qui ne peut-être entachée de parti pris, qu'on devrait créer pour le personnel de police indigène un fonds commun, à répartir en fin d'année à titre de gratifications, entre adjoint indigène, garde-champêtre et oukafs, qui diminuerait proportionnellement au nombre des délits ruraux, commis dans chaque circonscription ou zône de police à délimiter, et dont les auteurs ne seraient point retrouvés.

On pourrait en outre, décerner des primes d'encouragement aux agents, qui auraient mis en état d'arrestation des bandits ou des professionnels du vol, les dits agents, révocables par ceux qui les commandent, c'est-à-dire par leurs chefs directs, l'indigène n'ayant jamais compris, et ne comprenant encore, qu'une autorité unique, entre les mains d'un seul.

Car, il faut bien se rendre à l'évidence, en admettant même qu'on ait à sa disposition un personnel européen parlant couramment la langue arabe, ce personnel n'aurait point la ruse, et il faut bien le dire la fourberie, la canaillerie dans les procédés qui sont pourtant nécessaires, pour découvrir les malfaiteurs indigènes.

Force est donc de faire en sorte de recruter tout d'abord, et de s'attacher ensuite, des fonctionnaires sur lesquels on puisse compter.

Nous ne pensons pas, qu'il puisse y avoir d'autres moyens à employer, que celui que nous venons de signaler, nous méfiant de l'influence religieuse, que le fonctionnaire peut avoir sur ses coreligionnaires, à laquelle nous croyons que l'on attache trop de créance.

Ces réformes, ainsi que celles que nous avons préconisées dans un précédent article opérées, la police ne tarderait point, dans son ensemble, européenne aussi bien qu'indigène, à être mieux considérée, car on la saurait honnête.

Et malgré cette répulsion instinctive, ce dédain, que le Francais en perpétuelle révolte contre l'autorité, professe à son égard, répulsion qui nous a valu à la guerre, aux service d'espionnage et des renseignements des hommes comme Dreyfus, Esthérazy et autres, Vidocq, rajeuni, refait à son avantage, conscient des services qu'il rend aux honnêtes gens et aux travailleurs de la terre, pourrait sans se *ridicoculiser*, dire comme Cyrano de Bergerac, à son ami Lebret :

J'aime qu'on me haïsse

Mon cher, si tu savais comme l'on marche mieux
Sous la pistoletade excitante des yeux,
Comme sur les pourpoints, font d'amusantes taches
Le fiel des envieux et la bave des lâches.

DES DÉLITS RURAUX

Dans notre dernier article, nous parlions de la nécessité qu'il y aurait au point de vue de la sécurité des campagnes de refondre ou bien de remplacer par des lois spéciales à l'usage de la Colonie, où vit une race d'une espèce spéciale, plusieurs articles du Code Pénal, en ce qui concerne plus particulièrement les délits commis contre les propriétés.

Nous ne saurions mieux faire, à l'appui de notre thèse, que de transcrire simplement, dans une de ses dispositions, l'article 388 du Code Pénal, ainsi conçu :

« Lorsque le vol ou la tentative de vol de récoltes ou autres productions utiles de la terre, qui avant d'être soustraites, n'étaient pas encore détachées du sol, aura eu lieu, soit avec des paniers ou des sacs ou autres objets équivalents, soit à l'aide de voitures ou d'animaux de charge, soit par plusieurs personnes, la peine sera d'un emprisonnement de quinze jours à deux ans et d'une amende de seize francs à deux cents francs ».

En d'autres termes, et afin que la démonstration soit bien évidente, il résulte de cet article, que lorsque des vols de récoltes, de raisins par exemple, sont commis dans les conditions sus énoncées, et ils le sont le plus généralement, ils acquièrent un caractère spécial, qui les fait classer, non pas dans la catégorie des contraventions punissables des peines de simple police, mais dans la catégorie des délits correctionnels.

Or, si un colon est victime d'un de ces délits, s'il surprend un jour, ou pendant le cours d'une belle nuit d'été ou de printemps, des maraudeurs, en soustractions frauduleuses de récoltes, il fait incontinent dresser procès-verbal, ignorant le plus souvent les arcanes mystérieuses de la loi, et l'affaire est portée devant le Juge de paix du canton.

Qu'advient-il alors ?

Le magistrat, malgré tout son bon vouloir, sachant que l'exemple est de bonne et nécessaire justice en milieu indigène, se trouvera dans l'obligation, la loi en main de se déclarer... incompétent et le colon, à coup sûr de ne point se déclarer... satisfait.

Et si, pris pour exemple ce colon habitant la région de Djidjelli, est dans l'intention de donner suite à l'affaire, il devra se rendre devant le Tribunal Correctionnel de Bougie, et demeurer trois jours dans cette ville, dans l'attente d'un paquebot qui le ramènera à son point de départ d'où, séjour obligé, entraînant des dépenses certainement exagérées.

Cet exemple nous paraît caractéristique, nous pourrions en citer bien d'autres.

Il établit, tout au moins, l'utilité qu'il y aurait à *décorrectionnaliser* ces sortes de délits.

Aussi, les propriétaires ou fermiers, qui se trouvent placés dans le même cas, préfèrent-ils se passer de la justice, et entrer en arrangements ou compromissions, il est vrai, toujours dangereuses avec les délinquants. Et l'indigène, voyant la loi française incapable de le réprimer dans ses déprédations y persévère, les vols succèdent aux vols, et le colon de mettre flamberge au vent, et de ne point se trouver satisfait, de l'état de choses existant.

Nous pensons donc, donnant cet exemple à l'appui, qu'il n'est point osé de notre part, de désirer que les délits de cette nature soient réprimés non pas, par les Tribunaux Correctionnels, mais bien par les Tribunaux de Justice de Paix, mieux à même, le cas échéant, d'en juger l'importance, et surtout mieux placés pour faire une application opportune et utile des dispositions de la loi.

DU GARDE CHAMPÊTRE

L'institution des gardes-champêtres est due en France à Charles V, qui en 1369 créa le premier ces agents, sous le nom de gardes des ablais, ce qui signifie gardes des blés coupés.

Depuis, ils continuèrent d'exister sous des noms différents, gardes des champs, messiers, banniers, *sergents de verdure*, dénomination à n'en pas douter fort poétique.

La loi des 28 septembre et 6 octobre 1791, celle plus récente sur l'organisation communale du 5 avril 1884, déterminèrent leur mode de nomination, leur traitement et leurs attributions, qui sont en leur qualité d'officier de police judiciaire « d'assurer les propriétés et conserver les récoltes ».

Nous mériterions à bon droit d'être traité de flagorneur, si nous disions que pour remplir les fonctions modestes et surtout si peu rétribuées de garde champêtre, il faille posséder d'un Andrieux le scepticisme philosophique et railleur, si nécessaire à notre époque troublée, d'un Cambon la finesse diplomatique, d'un Lozé, le courage et la fermeté, personnages passés, avant d'être pourvus d'une ambassade, à cette excellente école de la Préfecture de Police, qui permet à un moment donné, de saisir la psychologie exacte d'une population, de mieux apprécier et connaître les qualités et les défauts de l'homme, qui n'est, d'après Pascal ni *ange ni bête*.

Mais ce qu'il y a de certain, c'est que si ces agents, ne portent point des titres ronflants comme des bourdons de cathédrale, de commissaire de surveillance administrative, d'inspecteur de la sûreté générale, de commissaire spécial de la police des chemins de fer et des ports, un titre à se faire fabriquer des cartes de visite, nouveau modèle, ils n'en sont pas moins très utiles.

Les devoirs qu'ils ont à remplir, sont en effet multiples, et dans les localités où il n'y a pas de commissaire de police, elles sont nombreuses dans la Colonie, ils doivent sous la direction et la surveillance des maires, veiller au maintien de l'ordre et de la tranquillité publiques, comme à la protection des personnes et des propriétés.

Le balayage, le nettoiement des chemins et des routes, des écuries et des parcs à bétail, tout ce qui touche à la salubrité publique, à l'hygiène si nécessaire à sauvegarder en Algérie, où la fièvre règne à l'état endémique, rentre dans ses attributions.

Au point de vue de la sécurité des fermes, ils font par des tournées de surveillance nombreuses, ce que la gendarmerie très onéreuse, pour l'escarcelle des contribuables, ne peut pas faire.

Leur utilité est si incontestable, qu'il est question en France de réorganiser sur de nouvelles bases, l'institution dégénérée des gardes champêtres, afin que la police des campagnes, soit mieux assurée qu'elle ne l'est actuellement par le service de la gendarmerie, occupée plus particulièrement à des travaux d'ordre judiciaire, allégeant dans la Colonie le travail, il est vrai souvent excessif des Juges de Paix, d'ordre militaire ou de recrutement, qui absorbent la majeure partie de son temps.

Or, cette réforme considérée comme étant utile

dans la Métropole, où l'armée roulante des vagabonds, des inoccupés volontaires ou non, va sans cesse en augmentant, semble devoir s'imposer comme nécessaire en Algérie, où les lois paraissent avoir été promulguées pour ne point être appliquées, au milieu d'une population indigène, qui, par besoin ou par penchant, se livre couramment aux vols des récoltes ou de bétail ; et parceque le garde champêtre, pour si humble qu'il soit, est dans un village, où il n'y a pas de commissaire de police, le fonctionnaire sur lequel repose la sécurité du village où il réside, aussi bien que de la région qui l'entoure, souvent très vaste.

Si donc, on doit étendre à l'Algérie, l'organisation nouvelle des gardes champêtres, nous croyons qu'il serait nécessaire, qu'ils soient recrutés de préférence parmi les fils de colous, parlant et comprenant couramment la langue arabe, qu'ils subissent des examens, que leur traitement minimum soit de 1800 francs, par an, et qu'enfin comme tous les fonctionnaires de la Police, ils soient l'objet d'un contrôle, émanant de l'autorité supérieure.

DE L'INDIGÈNE

Des pyramides d'ouvrages à atteindre des hauteurs vraiment eiffelesques, plus savants et plus documentés les uns que les autres, remplis d'anecdotes, bien ou mal envisagées ou déduites, dans leurs conséquences, ont été écrits sur les races arabe et kabyle, les uns par des arabophiles, les autres par des arabophobes, fort peu par des arabo justes, il faut en convenir.

Il est donc difficile, dans ces conditions, de se faire une opinion exacte de l'indigène par le livre.

Aussi, pensons nous, que le moyen à employer le plus sûr et le plus pratique, pour approfondir et connaître son caractère, tout à la fois, simple et complexe, est de vivre de son existence, en un mot de se faire pendant quelque temps, purement et simplement colon.

C'est un procédé, qu'en passant, nous nous permettons humblement de soumettre à la plupart de nos parlementaires de la Métropole.

Nul, n'est mieux à même, en effet que le colon, de vous dire et prouver par des exemples, qu'il est impossible, ou tout au moins téméraire, étant donnée l'extrême mobilité de caractère de l'indigène, de porter sur lui un jugement, fait de toutes pièces.

Il n'est, selon nous, ni bon ni mauvais, ne valant en tous cas, que par les procédés que l'on sait employer à son égard, résultant d'une expérience que l'on ne peut acquérir, qu'en vivant côte à côte avec lui.

Il aime a être payé de son travail, à l'heure et au prix que vous lui avez fixés, et c'est une erreur profonde de croire, qu'à l'heure actuelle, il soit exploité et se laisse exploiter.

L'Arabe a des qualités, la discrétion par exemple, qu'il tient à l'égale d'une vertu, l'esprit de charité, de justice, le sentiment de l'hospitalité, le Kabyle est travailleur, industrieux, il est thésauriseur, guerrier et patriote ; il a cet amour du gain, que l'on retrouve encore de nos jours, chez nos vieux paysans français.

Il n'y a pas d'homme plus madré en affaires, qu'un maquignon indigène.

Mais, et voilà le revers de la médaille, Arabes et Kabyles, ces derniers portant très haut le point d'honneur, conservent leurs qualités quand ils vivent dans leur milieu, mais lorsqu'ils le quittent, ils les perdent presque entièrement ; absolument dépaysés, ils prennent nos qualités pour des défauts et inversement ; ne tardant point, en fanatiques qu'ils sont, à ne plus voir, dans le colon ou le citadin, que le réprouvé, l'ennemi religieux, l'ennemi héréditaire.

La psychologie indigène, nous parait tenir dans ces deux proverbes arabes : « Fais toi agneau, si tu ne peux te faire lion, dans le cas contraire, fais toi et demeure lion » et toujours, « Baise la main que tu ne peux couper ».

D'un côté, l'immuable et irréductible tenacité du vieux levain insurrectionnel, qui sommeille au fond de l'âme de tout indigène, qu'il soit chef de grande tente, ou simplement fellah, d'un autre côté, l'hypocrisie, la fourberie sémite.

C'est dire, plus particulièrement, en ce qui concerne l'indigène du Nord de l'Afrique, que la méfiance doit être de règle avec lui, que la force, l'autorité sagement conçues et appliquées avec rapidité, dans leurs effets nécessaires, doivent être un principe, dont il estutile de ne point se départir à son égard.

Trés observateur, très inquisiteur, il découvre à merveille les défauts de votre cuirasse, et il a vite fait de mettre à profit les moments de faiblesse que vous pouvez avoir.

Ce qui rend l'existence du colon, toujours aux aguets si pénible, c'est qu'il, est forcé de se tenir dans un état presque continu de défiance.

Il a le génie de l'intrigue, de la complication dans les choses les plus simples, et à ce point de vue, il est le descendant direct des auteurs des *Contes des Mille et une Nuits.*

Si n'était le côté souvent enfantin de leurs manigances, nous plaindrions bien sincèrement nos juges d'instruction.

En tout cas, leur solidarité à l'égard du *roumi* reste intacte et ne pourra être entamée que dans quelques centaines d'années, à une époque, où l'on ne parlera plus, il faut tout au moins l'espérer pour nos arrières petits neveux de l'affaire Dreyfus ; et à la plupart des enquêtes dont ils sont l'objet, il ne manquent jamais d'opposer le mensonge et la *conspiration du silence.*

Il nous semble donc, qu'à cette conspiration du silence, nous avons non seulement le droit, mais encore le devoir, dans un intérêt général, d'opposer, dans certains cas, le princiqe de la responsabilité collective.

C'est de ce sujet dont nous parlerons, dans un prochain article.

DE LA RESPONSABILITÉ COLLECTIVE

Il faudrait pour ne point être partisan de l'application du principe de la responsabilité collective, admettre que par suite d'une de ces volte faces miraculeuses dont l'histoire des peuples n'offre aucun exemple, et qui, d'ailleurs est contraire à la théorie scientifique de l'évolution, que la race indigène, en moins de cent ans d'occupation, de pillarde dans son ensemble qu'elle était, soit devenue la race la plus probe, la plus honnête qu'il existe, sur cette planète où les uns et les autres, nous avons eu le triste privilège de descendre.

Est-ce le cas ? Il est permis d'en douter. Les razzias en tribus voisines ou lointaines, à l'époque où régnait l'émir Abdelkader, où des troupeaux entiers, les réserves en récoltes, en or et en argent à même les silos, étaient enlevés, ne se produisent certainement pas dans l'Algérie du Nord, livrée à la colonisation ; les pirates de la mer, comme au temps des Etats Barbaresques, n'existent évidemment plus qu'à l'état de légende ou de souvenir.

Mais ces derniers ont été remplacés par les pirates

agricoles, dont le fellah, travailleur et honnête, a lieu de se plaindre, beaucoup plus encore que le colon européen, que les menus larcins dont il est victime, irritent, il est vrai, d'autant plus qu'il se renouvellent, et que les auteurs, le plus souvent en demeurent insaisissables.

Aussi, l'un et l'autre, regrettent-ils les Bureaux arabes, à justice expéditive, trouvant leur point d'appui et d'investigations, dans l'application de la responsabilité collective, touchant le personnel indigène, et dans le principe de l'exemple, d'une utilité si incontestable en milieu arabe et kabyle.

Qu'on le veuille ou non, par atavisme ou par tradition, les procédés employés aujourd'hui par les professionnels du vol, sont les mêmes qu'ils étaient autrefois.

Il existe comme il y a quarante ou cinquante ans, beaucoup moins pourtant, mais assez pour légitimer les mesures spéciales que l'on pourrait prendre, des associations de malfaiteurs, qui ont des affiliés postés d'étape en étape, les uns, les plus nombreux résidant en communes mixtes, et parmi lesquelles une organisation méthodique, assigne à chacun un rôle distinct. Les uns vont en éclaireurs, sondant le terrain, épiant l'occasion d'entrer dans une ferme en y perçant les murs, ou de pénétrer dans un parc à bétail ; d'autres effectuent la vente du produit de leurs vols, sur des marchés notoirement connus comme étant surveillés par des fonctionnaires indigènes prévaricateurs, s'entendant fort bien avec les *béchars* dont l'industrie peu honnête, il est vrai, mais lucrative en somme, est tolérée comme sous la législation anglaise, par des arrêts de la Cour d'Appel d'Alger et de la Cour de Cassation.

Symptôme grave, si, il y a une vingtaine d'années, les indigènes d'un même douar, ne se volaient que rarement entre eux, si les fermes de nos colons, étaient plus fréquemment dévastées autrefois, par des étrangers que par des gens de leur voisinage ; cette exception, est pour ainsi dire devenue la règle.

Dans tout vol commis dans une ferme ou exploitation quelconque, il est rare que l'indicateur du vol à commettre, ne soit point ou domestique, ou gardien ou khammès de la ferme ou de l'exploitation, le plus souvent parent ou allié d'indigènes habitant plus principalement une commune mixte limitrophe ou peu éloignée.

Il nous parait donc, étant données ces constatations qu'il est facile de contrôler, concernant plus particulièrement les vols de récoltes et de bétail, les délits nombreux de paccage, que lorsque l'Administration qui sait bien sauvegarder ses intérêts, quand il s'agit d'incendies de forêts, aura acquis par des preuves tangibles, étayées au surplus par des jugements, et sur rapports rédigés par des fonctionnaires compétents, que ces vols ont été commis par des malfaiteurs appartenant à tel ou à tel tribu, douar ou mechta, elle puisse avoir le droit et le pouvoir, à titre d'exemple et de police préventive, de placer la collectivité, sous le principe de la responsabilité pécuniaire, avec amendes proportionnées au montant et à la valeur des déprédations ou vols commis.

Ces mesures prises dans certaines régions, s'adonnant plus spécialement aux vols, la sécurité s'établirait comme par enchantement, car les indigènes se contrôleraient et assureraient leur police eux-mêmes.

Nous plaçant à un point de vue plus élevé, celui du progrès et de la civilisation, dont le vainqueur doit faire bénéficier le vaincu, et afin de ramener la paix dans certains douars, que les haines ou rivalités de çofs mettent à feu et sang, occupant bien inutilement le service de la Justice, nous sommes d'avis aussi, que dans certains cas, le même principe devrait être appliqué par l'expulsion et le cantonnement, en territoire d'extrême Sud.

La même mesure pourrait être prise, à l'égard des cleptomanes inconscients, si nombreux en milieu indigène.

DES POUVOIRS DISCIPLINAIRES

L'administrateur de commune mixte, est investi depuis 1881, d'une sorte de pouvoir judiciaire, pour la répression directe des infractions spéciales à l'Indigénat.

Il n'y a pas, en commune de plein exercice, des magistrats ou des fonctionnaires de l'ordre administratif, qui soient munis, sauf les Juges de Paix, sur procès-verbal de leurs subordonnés, des mêmes pouvoirs disciplinaires.

L'anomalie paraît flagrante, d'autant plus, que le Code de l'Indigénat. peut trouver dans ses dispositions, une application tout aussi nécessaire ou utile, en commune de pleine exercice, qu'en commune mixte.

Nous en trouvons la preuve, dans l'article 15 du Code de l'Indigénat, raremement appliqué en commune de plein exercice, qui rend passible des peines de simple police « tout indigène, ayant conduit des bêtes de somme, de trait ou de monture, ainsi que de gros bétail, sur un marché, en dehors de la commune où il réside, sans s'être muni d'un certificat délivré sans frais par l'adjoint indigène de la section, indiquant la marque ou le signalement des animaux, et le nom du propriétaire ».

Dans cet autre : « dissimulation de la matière imposable et connivence dans les soustractions ou tentatives de soustraction, au recensement des animaux et objets imposables » qui ne l'est pas moins, et cela au plus grand préjudice des finances départementales.

L'Algérie, n'est-elle pas, la terre classique des réformes hermaphrodites ?

Et pourtant, c'est dans le principe de la responsabilité collective, appliquée dans certains cas, sur arrêté gouvernemental, qui donnerait à nos colons, cette tranquillité d'esprit, qui leur est indispensable : dans le Code de l'Indigénat appliqué dans ses articles, qui pourraient être rendus plus nombreux, d'une pénalité plus élevée, plus sévère, qu'il nous semble que l'on doive rechercher la solution du problème de la sécurité tant en commune de plein exercice, qu'en commune mixte.

La question est toutefois de savoir, si les Maires élus du Suffrage universel, d'un çof vainqueur le plus souvent exerçant des représailles plus ou moins injustes à l'égard du çof vaincu, doivent être pourvus des mêmes pouvoirs disciplinaires, que les administrateurs, fonctionnaires dépendant directement de l'autorité supérieure.

Nous ne le pensons pas, et c'est bien platement et sans arrière pensée, que nous en faisons l'aveu.

Car, la lignée de Sapor, ne nous paraissant pas complètement éteinte, des Maires munis de ces pouvoirs, pourraient en abuser dans un intérêt personnel, ou dans l'intérêt de leurs prosélytes, d'autres, colons pour la plupart, l'indigène étant essentiellement vindicatif, seraient victimes de vols, de déprédations de toutes sortes de la part de ceux-là mêmes, auxquels ils auraient fait une application juste et impartiale de la loi.

Et d'ailleurs, un Maire est avant tout un magistrat de conciliation et non de répression.

Il y aurait donc lieu, selon nous, de créer en

commune de plein exercice, un fonctionnaire d'ordre administratif, dépendant directement du Préfet pour l'arrondissement du chef-lieu, et du Sous-Préfet, pour les autres arrondissements, devant lesquels, il serait rappelé des décisions prises par le dit fonctionnaire, d'où contrôle étroit et facile à réaliser.

Les Commissaires de Police, et les Gardes-Champêtres au surplus, pourraient remplir ces fonctions. Car, il ne faut pas se le dissimuler, le marais indigène, ne doit être battu que par des mains expertes, et des hommes habitués au maniement des affaires arabes et kabyles, sont seuls à même de juger en toute indépendance, de l'opportunité et de la raison d'être des décisions prises par leurs subordonnés.

Nous estimons donc, que la création d'un agent spécial, muni de pouvoirs disciplinaires, s'impose en commune de plein exercice, d'autant plus, que prochainement, mettant ainsi l'indigène, aux prises avec l'un de ses plus grands défauts, qui est la paresse, une paresse véritablement révoltante, tout condamné pour crime ou délit et infractions à l'indigénat, devra être employé et astreint à des travaux d'utilité publique ou de colonisation.

Mais, direz-vous, cher lecteur, votre étude ne tend rien moins qu'à placer l'européen sous la cravache et l'indigène sous le matraque.

Non, nous ne sommes pas, à ce point barbare. Mais, nous estimons que la création d'une Préfecture de Police, ayant son centre à Alger, d'où des agents de contrôle et de recherches, pourraient rayonner sur toute la colonie, s'impose, dans l'intérêt du travailleur de la terre, aussi bien que du citadin ; et avec Brunetière très humblement nous sommes convaincu que : « Le Français plus que les autres a besoin de discipline », et que par l'étranger qui nous absorbe, les lois françaises, doivent être considérées, sur une terre française, comme ayant été faites pour être appliquées.

SILEX

www.ingramcontent.com/pod-product-compliance
Lightning Source LLC
Chambersburg PA
CBHW061705050726
47598CB00004B/1695